MUNDO DE ANIMALES DOMINIE

Los osos polares

Graham Meadows y Claire Vial

Contenido

DOMINIE PRESS
Pearson Learning Group

Los osos polares

Los osos polares son los **carnívoros** más grandes del mundo y los miembros más grandes de la familia de osos.

Su **hábitat** abarca las vastas y frías regiones polares que rodean el Círculo Polar Ártico. Estos osos se encuentran en Noruega, Rusia, Canadá, Groenlandia y el estado de Alaska.

Los osos polares son generalmente animales **solitarios**, excepto las hembras con sus cachorros.

Los osos polares prefieren estar cerca del océano y de las fuentes de comida.

Dónde viven los osos polares

Los osos polares recorren grandes extensiones llamadas **áreas cazaderas**. Comúnmente viven en el borde de las playas y en los témpanos de hielo. Éstos les sirve de plataforma para cazar focas. Como el hielo se derrite en el verano y se forma de nuevo en el invierno, los osos polares siempre están en movimiento.

El hábitat de los osos polares es tan frío que la temperatura llega a 40 ó 50 grados Fahrenheit bajo cero.

Cuando hace mucho frío y el viento sopla fuerte, los osos polares escarban una guarida temporaria en la nieve y allí se acurrucan.

Aspecto y tamaño

Los osos polares machos pesan entre 750 y 1,400 libras. Los machos en su mayoría miden un poco más de cinco pies a la altura de los hombros, y unos nueve pies de largo desde el hocico hasta la cola. Las hembras son mucho más pequeñas y pesan menos. Pesan entre 330 y 550 libras, y miden unos siete pies de largo.

El oso polar más grande que se registró, medía doce pies de largo y pesaba más de 2,200 libras.

La piel

La piel de los osos polares es negra. Esta piel les abriga mejor porque el color negro absorbe más el calor del sol que cualquier otro color. Las glándulas de la piel producen aceite que se extiende a través de la capa de piel y la mantiene impermeable.

Bajo la piel tienen una capa de grasa de unas cuatro pulgadas de grueso, que les sirve de aislante y les ayuda a abrigarse. Esta grasa también les ayuda a mantenerse a flote cuando nadan.

Los osos polares tienen tanto aislante que algunas veces sienten demasiado calor. Entonces, se tiran sobre la nieve para refrescarse.

Pelaje

Los osos polares tienen pelaje grueso con dos capas de pelo, uno superior y otro inferior. La capa inferior es espesa y lanuda y está formada por pelo blanco y fino. La capa superior tiene pelo grueso, hueco y transparente. El pelo hueco mantiene abrigados a los osos y les ayuda a flotar en el agua.

El pelaje de los osos polares varía del color crema amarillento al color pardo claro. El pelaje parece blanco porque refleja el brillo de la nieve. Esto les sirve de **camuflaje** cuando cazan sus **presas**.

Cómo nadan

Los osos polares son muy buenos nadadores. Pueden nadar a una velocidad de unas seis millas por hora por más de sesenta millas, entre capas de hielo flotante. Chapotean con sus enormes garras delanteras, que miden cerca de un pie de ancho. Las garras delanteras tienen membranas entre los dedos que les ayudan a nadar.

Los osos polares generalmente nadan de diez a catorce pies debajo del agua.

El oso polar puede permanecer bajo el agua y sostener la respiración por más de dos minutos.

Cómo caminan los osos polares

Los osos polares caminan sobre la planta de las patas, y lo primero que toca el suelo son los talones. Tienen pelaje entre las almohadillas de las patas que les ayuda a sostenerse en el hielo cuando caminan o corren. Este pelaje también les ayuda a moverse silenciosamente cuando **acechan** a sus presas.

Los osos polares casi siempre caminan lentamente, y se detienen con frecuencia a descansar. Si avanzan demasiado rápido, se acaloran mucho.

Si es necesario, los osos polares pueden correr a una velocidad de más de veinticinco millas por hora por distancias cortas.

Cómo cazan

Las focas anilladas son las presas favoritas de los osos polares. Al principio del verano, los osos polares acechan a las focas que se acuestan sobre los témpanos de hielo o nadan en el agua.

Durante el invierno, los osos esperan silenciosamente cerca de los hoyos en el témpano hasta que las focas suben a respirar. Cuando lo hacen, los osos polares las noquean con las garras o las agarran con su quijada fuerte y las sacan del agua.

Con su quijada, el oso polar puede levantar una foca de hasta de 550 libras.

Dieta

En el verano, gran parte de los témpanos de hielo se derriten y se rompen. Entonces les es más difícil a los osos atrapar focas, y buscan otros tipos de comida. Su dieta podría incluir aves marinas, huevos de estas aves, renos, morsas, caribúes y los restos de animales. También comen hierba, algas marinas y bayas, y escarban el suelo para comer raíces de plantas.

Los osos polares no necesitan tomar agua porque reciben suficiente humedad de las cosas que comen.

Familia

Los osos polares hembras generalmente **aparean** a los cinco o seis años de edad, a principios del invierno. Hacen su **guarida** escarbando en la nieve. Unas seis semanas después de entrar a su guarida, la hembra pare, con frecuencia dos cachorros.

Al nacer cada cachorro pesa poco más de una libra. Los cachorros nacen sordos, ciegos y débiles. **Amamantan** y crecen rápido porque la leche de la hembra es rica en grasa.

Al llegar la primavera, las hembras y sus cachorros dejan sus guaridas. Para entonces los cachorros tienen unos tres meses de nacidos y pesan unas veintidós libras.

Crecimiento

Unas dos semanas después de abandonar su guarida, el oso polar hembra pasea sus cachorros por el hielo. Ahí la madre hace su primera matanza del año, y sus cachorros prueban carne por primera vez. Los cachorros continúan creciendo rápido con una dieta en la que reciben mucha grasa de la leche de la madre, la carne de focas y gordura. A los ocho meses de nacidos, los cachorros pesan unas 100 libras.

Los osos polares aprenden a cazar observando a la madre. A los tres años de nacidos, pueden **sobrevivir** solos. De ahí en adelante, comienzan a llevar una vida solitaria. Se encuentran con otros osos polares sólo para aparear y crear la siguiente generación de osos polares.

Glosario

acechan: siguen o rastrean un animal
amamantan: toman leche de la madre
aparean: se juntan dos animales de diferente sexo para producir bebés
área cazadera: el área en el que un animal caza y recorre
camuflaje: un disfraz que permite esconderse en el ambiente
carnívoros: animales que cazan, atrapan y comen otros animales
dieta: lo que una persona o animal normalmente come
guarida: un lugar seguro donde paren los animales
hábitat: un lugar donde crecen plantas y animales
presas: animales que otros animales cazan y comen
sobrevivir: permanecer vivo
solitarios: sin compañía, solos
territorios: áreas ocupadas y defendidas por un animal o un grupo de animales

---

Índice